人間学講座
感動と笑い
～そこまでやるか～

NPO法人健康笑い塾®
中井宏次（薬家きく臓）

薬事日報社

はじめに　感動と笑いは同じである

最近の私の感動の一つに、孫が初めて歩いた動画があります。孫の歩いている笑顔を妻と見て、「凄い」「やった」と言い、一緒に拍手をしました〔達成の感動〕〔笑顔の感動〕。孫の母親（お嫁ちゃん）は嬉しさのあまり目頭を押さえていました〔涙の感動〕〔安堵の感動〕。私は、15年前に人生の楽園を求めて大阪から淡路島に移住しました。毎朝、東の空から昇る朝日を観て、その美しさに思わず手を合わせております〔感謝の感動〕。365日自然がつくりだす風景が違うのです。自然って凄いです〔神秘の感動〕。

「皆さんは、毎日、どんな感動をされていますか」と問いますと、「生活がたいへんだから感動なんかしている暇がない」とお叱りを受けるかもしれませんが、皆さんは、毎日、感動しています。感動に気づいていないだけです。例えば、「朝起きる」。これは生きていれば当たり前のことです。この当たり前のことから、あなた自身が何を感じるかです。

感動表現には「凄い」「きれい」「美味しい」「なるほど」「できた」「やった」「素晴らしい」「嬉しい」「ありがとう」「おもしろい」などたくさんあります。鏡の前で感動表現を言ってみてください。あなたの顔は笑顔（いい顔）になっています。その時を「こころが笑う」というのです。無理やり笑わなくても自然にこころが笑っているのです。人生の節目（入学、卒業、就職、結婚、出産など）や日々の生活の中には様々な「感動と笑い」があります。こころは「感動と笑い」で豊かになっていくのです。

人間は社会の中で進化し、人との触れ合いの中で人類を増やし繁栄を成し遂げてきました。今回のコロナ禍・パンデミックによって、私たちは人との触れ合いがなくなり、人との触れ合いが如何に大切かを学びました。コロナ禍後は、「もの豊かな時代」から人との触れ合いがある「こころ豊かな時代」へと大きく変化していきます。正に、人間力の時代です。この人間力を発揮するためには、こころに潤いをもたらし、こころを豊かにする「感動と笑い」が必須です。「感動と笑い」のある人生は幸せな人生です。

「感動の連鎖」

朝起きてトイレに向かうと、便座の蓋が自動的に開く、思わず「ありがとう」。

ご飯をよく噛んで食べていると、ご飯の甘味が出てきて、思わず「美味しい」。

急いで駅の階段を駆け上ると、新快速に間に合う、思わず「ラッキー」。

乗車すると、眼の前に職場一の美人の彼女がいる、思わず「綺麗」。笑顔で「おはよう」というと、彼女も笑顔で「おはようございます」。下車して駅から会社まで一緒に歩く、思い切って彼女をデートに誘うと、「いいですよ」とOKの返事、思わず「やった」……彼女と結婚することになると、何と彼女は大富豪の令嬢だった⁉

「そんな奴はおりません。こんな運の良いことはないです」と言われそうですが、ただ、言えますのは、感動の積み重ねが、「運」を呼び込むのです。

人が感動する時は「そこまでやるか」と感じた時です。オリンピックで金メダルを取る。本人は勿論ですが、それを観ている人も感動します。その裏には「そこまでやるか」の練習があります。しかし、たとえメダルを取れなくても、「そこまでやりきった」、その姿を観て人は感動します。自然の美しい景色を観た時、「地球にこんな景色があるのか」（地球よ！そこまでやるか）と感動します。

ところで、よく「できる限りやらせて頂きます」と言いますが、「できる限り」であっても、できそうなことだけをやっていたのでは人に感動を与えることはできません。人ができないことに挑戦して、その姿を見て、人は「そこまでやるか」と感動してくれます。これからは、「できないことをやらせて頂きます」の発想が大切です。そこまでやりますと、神様が「こいつ、ここまで頑張ったのだから、一度チャンスをやるか」と思われて人生のチャンスが頂けます。

人が笑う時は、「感動」と同じ「そこまでやるか」と感じた時です。身近な例として、吉本新喜劇があります。何かギャグなどを言った時、舞台で全員が転びます。それを見てお客さんが「そんな馬鹿な」「そんなことよくやるなあ」⇓「そこまでやるか」で思わず「笑い」が起こります。お笑い番組の基本はこの点にあります。落語を例にとりますと、落語は江戸時代から300年以上続いた庶民の笑い（ユーモア）の宝庫です。出てくる登場人物の言動や背景には、「そんな馬鹿な」「そんなことよくやるなあ」⇓「そこまでやるか」があり、それが「笑い」をもたらしてくれます。特に滑稽話の「地獄八景亡者の戯れ《じごくばっけいもうじゃのたわむれ》」、「あたま山（さくらんぼ）」などは最高ですね。また、人情噺にも様々な感動があります。特に「文七元結《ぶんしちもっとい》」は私の大好きな感動落語です。他にもたくさんの噺《はなし》がありますので、是非、楽しんでください。

「笑い」は、医学的にもストレス解消に効果的であると実証されています。もう一つ効果的なものとして、「泣く」「感動の涙」があります。感動と笑いは、どちらも副交感神経を活性化します。副交感神経は「リラックスしているとき」「休息しているとき」「眠っているとき」に働きますので、ストレス解消（快笑）には最適です。

●前野隆司氏（慶應義塾大学大学院システムデザイン・マネジメント研究科教授）は、「感動する人は幸せであり、幸せな人は、長寿で、健康で、創造性が高く、生産性も高く、自己肯定感も高く、夢を持ち、利他的で、みんなのために貢献する人だからです。これらの相関関係は世界中のウェルビーイング研究によって検証済みです」（前野隆司『感動のメカニズム』講談社現代新書）と書かれています。

●アラン（Alain：フランス出身の哲学者、評論家）は、「笑うのは幸福だからではない、むしろ、笑うから幸福なのだと言いたい。食べることが楽しいように、笑うことが楽しいのだ」（アラン『幸福論』白水ブックス、串田孫一・中村雄二郎訳）と書かれています。

この二人の意見からでも、「感動と笑い」は「幸せ」になるための最高のツールであることは間違いないことが確認できます。

人生論などで「人間は何のために生きているのか？」そんな問いが多いですが、答えは簡単です。「幸せ」になるためです。人生には「幸せ」になるための要素はたくさんありますが、今回は、お金もいらず、直ぐに、誰もが簡単に「幸せ」になれる方法としての「感動と笑い」をご指南申し上げます。まずは、気楽に笑ってご賞（笑）味ください。必ず「幸せ」になりますよ。

◎目次◎

Ⅰ　「感動」とは

1　感動とコミュニケーション

1の1　「伝える」と「伝わる」は違う

縄文時代の日本ではほとんど争いごとがなかった。豊かな自然に恵まれていて奪い合う必要がなかったからだ、と言われています。縄文時代は、野生の動植物の狩猟や採集を生活の基盤とする「狩猟採集社会」に位置づけられます。「狩猟採集社会」⇩「農耕社会」⇩「工業社会」⇩「情報社会」へと発展することの弊害として、物資などを奪い合う戦争が繰り返されるようになったのです。戦争や争い事の原因として考えられるのがコミュニケーション不足です。コミュニケーションということで伝えていたつもりが、実は伝わっていなかったのです。

これからは、人と人の触れ合いを大切にする社会＝「伝わるコミュニケーション社会」が求められています。「伝える」と「伝わる」は違います。英語で言えば、伝えるはtellですが、伝わるはcommunicationです。伝わると人は行動します。相手が行動することで、コミュニケーションの本来の効果が発揮されます。

【伝えると伝わる】

伝わる＝［情報＋技術（スキル）］＋感動 ⇒ 行動
（［情報＋技術（スキル）］＝伝える）

テレビショッピングで有名なジャパネットたかた創業者の高田明氏は、ある情報紙のインタビューに答え、次のように語っています。

「コミュニケーションは、人間にとって最も大事な感性です。人工知能（ＡＩ）が進化しても、人と人をつなぐコミュニケーションはなくなりません」
「『この商品を買ってうれしかった』『食べてみておいしかった』といった、お客様の感情に訴えることが重要です」
「企業と商品の思いが伝わってこそ、消費者からの注文につながるのです」
（『日経ＭＪ』２０２1年6月3日号）

「伝わらない」と注文（行動）に繋がりません。「感情に訴える」ことによって、思いが伝わり、購買という「行動」に結び付くわけです。何を言ったかよりも、相手をどんな気持ちにさせたか（感動させたか）が重要です。人は「伝えた」だけでは行動しません。人は「感動」して初めて行動するのです。

皆さんテレビショッピングを見ていて、商品の良さや価格の安さに魅力を感じて欲しいなあと思っても、まだ買うのを躊躇することがあると思います。「確かに安いし良い商品だけど……」と。ところが、テレビショッピングでは、そんな迷いを吹き飛ばすように、今なら送料無料、さらにあれも付けます、これも付けます、サービスしますと、たたみかけてきます。送料無料で「安心」していると、それで終わらずにこれもあれもと、まさに「そこまでやるか」で、期待を裏切ってくれます。そこまでやると、お客さんは感動して、行動（商品を購入）に移ってくれるわけです。

1の2　心に火をつける

人との対話の時、「君がそこまで言うのなら、やってみよう」と、こんなことはないですか。あなたの、信念に基づいた価値観をベースにした一貫した論理と情熱（感動）が人を動かすのです。

ウイリアム・アーサー・ワード（アメリカの作家、哲学者、教育学者）はいろんな名言を残していますが、その中に次のものがあります。

The mediocre teacher tells.
The good teacher explains.
The superior teacher demonstrates.
The great teacher inspires.

いろんな翻訳がネットに出ていますが、「**平凡な教師は話しをする。良い教師は説明する。優れた教師はやって見せる。偉大な教師は心に火をつける**」という内容です。

平凡な教師や良い教師のように「話す、説明する、やって見せる」（＝伝える）だけではなかなか人は動きません。ワードは、偉大な教師のように「心に火をつける（インスパイア）」（＝感動させる＝伝わる）ことの重要性を訴えています。生徒の心に火をつける教師は、会話ではなく、対話によって心に火をつけているのです。

【会話と対話は違う】

会話（伝える）：情報の共有、伝達、指示

対話（伝わる）：「楽しい」「悲しい」など

感情表現を含むと相互理解が深まり信頼関係に繋がります。

会話＋感動＝対話

2　人は何に感動するのか

2の1　感動を書いてみる

「感動」することで、人生が変わった人はたくさんいます。アルバート・アインシュタインは、**「感動することをやめた人は、生きていないのと同じことである」**と言っています。

最近、あなたはどんな感動をしましたか。感動したことを2つ書いてください。どんな小さなことでも結構です。それを「感動」として書くことに意義があります。

また、そのとき感じた感動の言葉も書いてください。「ありがとう」「嬉しい」「楽しい」「美味しい」「やった」「できた」「良かった」「美しい」「凄い」「気持ちがいい」「おもしろい」などの言葉ですね。

そして、その感動がどんな感動だったか、感動の5つの分類（a～e）に従って分類してみてください。

〈最近感動したこと〉

最近感動したこと	その時の感情の言葉	感動の分類

2の2　感動の5つの分類

a：人から頂く感動	自分の人生を変える人に出会った時、愛を頂いた時、叱って頂いた時、ほしいものを頂いた時など
b：ものから頂く感動	自分の人生を変える事柄や言葉に出会った時（書物、映画、テレビ、ドキュメンタリー、スポーツなど）、非常に稀な出来事に遭遇した時、新しい事実に気づいた時など
c：自ら産み出す感動	自分の努力が実った時、目標を達成した時（試験に合格、研究の達成、賞の獲得など）、素晴らしい人生の伴侶を得た時（結婚）など
d：共同で作り上げる感動	自分の子供の出産や成長を見た時、演劇（監督、役者、スタッフなど仲間で作り上げる）、賞の獲得（チーム優勝、団体競技など）
e：自然から頂く感動	人間の不思議（人間は凄い能力を持っている）、地球の素晴らしさ、動物との共生、あらゆる自然現象の不思議に出会った時など

宿題1　感動を届ける

感動の5つの分類を参考に、あなたが感動したことを2個から10個列記してください。次にグループで討論して、感動を20個に増やし、これらがどの分類（a～e）に該当するか考えてみてください。たくさんの感動を確認して頂けましたでしょうか。

「感動」を列記すれば　こころが豊かになります。
こころが豊かになれば　生きる喜びが味わえます。
生きる喜びを味わいますと　人に感謝します。
人に感謝をしますと　人から感謝されます。
人から感謝されますと　「幸せ」になります。

次に、**人に届けた感謝**（行動することで人から「ありがとう」と言われたこと）を2個列記してください。

〈人に届けた感謝〉

列記した2個の「ありがとう」（感謝）を感動（そこまでやるか）に変えてください、例えば……

●誕生日のプレゼントにお花を差し上げたら感謝されました。

↓同じ花を差し上げるのに・手作りのブーケ、誕生月の花、手紙を添えるなどは如何でしょうか。

●手土産にお菓子を持参したら感謝されました。

↓相手の好物や家族構成（職場の人数）などを考えられましたでしょうか。相手が頂いて本当に喜んで頂けるもの。少し手間ですが、普段買うことのできない地方の銘菓を取り寄せるなどは如何でしょうか。定番はなるべく避けた方がいいですよ。

「ありがとう」（感謝）を感動に変えるには、心が通じる「もう一手間」「もう一言」が必要です。あなたならどんなひと手間、一言を付け加えますか。そこには「私しかできない」「私らしい」ものを考えることが大切です。また、グループで「ありがとう」（感謝）を出し合って、自分たちの感動ストーリーを作り上げてください。〔参考57ページ〕

たくさんの人を感動させている東京ディズニーランドでは、「感動させたい！」「喜ばせたい！」「楽しませたい！」「幸せにしたい！」という「愛」を感じます。例えば、東京ディズニーランドの清潔さの基準に「そこで赤ちゃんがハイハイできるか」があります。そのために何をするのか。まさに「そこまでやるか」ですね。

【感受性と感性は違う】

感受性：外界の刺激を心に感じ取る能力。
感性：外界の刺激を心に感じ、その感覚内容を形にまとめる能力。
夕日を観て「綺麗なあ」と感じるのが感受性、その感動したことを形（絵画、俳句、詩など）に残すのが感性です。口で「綺麗なあ」というより、形にした方が、相手に「伝わる」のです。

3 感動力を磨く

最近、小学校で、「感動しない」でなく「感動できない」子どもたちが増えているようです。先生曰く、幼児期に「美味しい」「素晴らしい」「楽しい」「嬉しい」「凄い」などの感動の言葉を聞いて育っていないから、と。家庭教育の重要さを痛感します。何故感動しないといけないのでしょうか？ それは、感動すれば幸せになれるからです。

3の1 好奇心を持って挑戦する

では、感動するにはどうしたらよいか。何事にも好奇心を持って挑戦（見てみよう、調べてみよう、やってみよう等々）してみることです。好奇心の原点は「**おもしろいなあ**」「**なぜかなあ**」です。挑戦しないと感動は得られません。また、人に感動を与えることができません。人が感動するのは、「何のために、何を目指して、なぜ挑戦しているのか」が伝わったときです。

「見たい、知りたい、やってみたい」と思うことは誰にもあることだと思います。その導火線に**火を付けるのが「勇気」**です。この勇気は何処から生まれるのか。それは、内面に宿す信念、哲学、夢、そして「より良く生きたい」という「想い」と「幸せ感」から生まれます。特に、人は、「己が如何に幸せか」を自覚しない限り、好奇心を持って人生に挑戦できません。肉体的に元気で、精神的に勇気ある人が挑戦できる人です。

3の2　真のポジティブ思考

何事もポジティブ思考が一番であるかのような世間の風潮ですが、本当にポジティブ思考で何でも乗り切れるでしょうか。

ポジティブ思考を持っている人は、何事も前向きに捉えて積極的に取り組みます。また、成功ばかりをイメージしているため、失敗を恐れず何事にも挑戦します。

逆に、ネガティブ思考の人は、常に失敗した時や問題が起こった時のことを考えているため、前もって対策を考えておくことができ、未然にトラブルを解消でき、安心して仕事を任せることができる存在です。

このように、ポジティブ思考とネガティブ思考のバランスのとれたのが「**真のポジティブ思考**」です。

◆ポジティブに捉える

〈失敗は成功のもと〉

挑戦には失敗を伴うことが多いです。「失敗をした」と悩んでいても何も解決しません。悩むのではなく、今、何をすべきかと「迷う」ことです。そのためには、先ず、その失敗から何を学ぶかです。これを疎かにしている人が多いのが現状です。「失敗から何を学んだのか」を具体的に書き出してみてください。それによって、己の「迷い」が見えて来ます。「悩み」は解決しませんが、「迷い」は信頼する人に相談するなどで解決できます。その時、次の挑戦が見えてきます。そうすることで、今後は同じ失敗は二度としないようになります。

ただ、失敗は怖がる必要はないですが、やり過ぎるのも問題はあります。

そのためには、考えられる失敗対策をしっかりと行うことです。例えば、「これが爆発した時は……」、その準備をしておけば、失敗を最小限に抑えることができます。勿論、考えられない失敗もあります。その時の失敗は、次の成功への糧になることが多いものです。単なる不注意や判断ミスからは学ぶものは何もないです。経験豊富な人は失敗経験も豊富です。

●物事に失敗した時、悩んでいても何も解決しない。今、何をすべきかと「迷う」ことで、解決の道が開ける ⇓ 「悩み（ネガティブ）」を「迷い（ポジティブ）」に変える。

●面倒な仕事や部下の失敗も、「自分が成長するチャンス」と捉える ⇓ 人生に無駄なことは何もない。

●トーマス・エジソンの名言：「失敗すればするほど、我々は成功に近づいている」「失敗ではない。うまくいかない1万通りの方法を発見したのだ」。

〈ハインリッヒの法則〉

労働災害における経験則のひとつで、「1つの重大事故の背後には29の軽微な事故があり、その背後には300の異常が存在する」というもの。

大きな失敗は、小さな失敗の積み重ねです。小さな失敗（異変）を見つけた時、「こんな小さなことはいいか」と放置しないで、その場で解決することが重要です。これは、すべての事象（人生にも）にいえることです。

●成功に不思議な成功あり、失敗に不思議な失敗なし。

◆感謝を忘れない

私の好きな言葉に「自信満々　謙虚であれ！」があります。この謙虚さが感謝に繋がります。「人は一人では生きていけない。皆さんのおかげで生きている」。この考えを常に持っていれば、いつもポジティブに捉えることができます。

◆捉え方を変えてみる（人間関係）

この世の中は、すべて人間関係で成り立っているといっても過言ではありません。こんな言葉があります。「あらゆる悩みは人間関係の悩みである」（アドラー）。また逆に、「生きる喜びや幸せは、人間関係の中にある」とも言われています。

〈人間関係構築の2大条件〉

①約束を守る。

②約束が守れなくなった時には、事前に連絡する。

この2点に尽きます。こんな簡単なことが一番難しいのです。

【信用と信頼は違う】

・信用：担保がいる（利害関係）。信用は裏切られる。

・信頼：担保がいらない（人間関係）。無条件で信じる。

〈人間関係構築の考え方〉

①相手をコントロールすることはできない。
②コントロールできるのは、自分の行動と思考だけである。

人間関係の悩みに「あの人は分かってくれない」「あの人のこんな性格が嫌いだ」などがあります。相手を変えようとしますが、ここで大切なことは、相手は変えられない、変えられるのは己の行動と思考だけだということです。

〈行動を変える〉

嫌な人、苦手な人にも、いつも笑顔で元気に挨拶をしていますと、相手の行動が変わることがあります。「嫌だ・苦手だ」と思って、挨拶もしない限り、いつまでも関係は変わりません。先ずは、日々の簡単な己の行動から変えてみることです。

＊但し、パワハラを受けている人に対しては、上司に相談するか、相手を無視するのも立派な行動です。

〈思考を変える〉

人には誰でも短所があります。短所の捉え方を変えると長所に変わることがあります。「性格は変えられない」と言いますが、性格は己の行動と思考で変えられます。しかし、相手の性格は変えられません。変えるには、己の相手に対する行動と思考を変えるしかないのです。

〈短所という捉え方を変えてみる〉

短所	長所	短所	長所
計画性がない	行動力がある	諦めが悪い	忍耐力がある
流されやすい	協調性がある	諦めが早い	決断力がある
優柔不断	柔軟性がある	抱え込む	責任感がある
自己主張が強い	積極性がある	楽観的	ポジティブ思考

この捉え方が唯一の正解ではないです。様々な捉え方があります。あなたなりの捉え方を考えてみてください。「考える」ことが大切です。

◆言い換えてみる

ネガティブも、言い換えることで考え方や行動がポジティブに変わります。

〈ネガティブ表現をポジティブ表現に言い換えてみる〉

ネガティブ	ポジティブ	ネガティブ	ポジティブ
問題点	改善点	疲れた	よく頑張った
無職	求職中	出来ない	どうしたら出来るか
時代後れ	伝統的	出来ない	出来ることは何か
自己主張が強い	積極性がある	楽観的	ポジティブ思考

◆こころの物差し

「水はまだ半分ある」と「水はもう半分しかない」――どちらがポジティブ思考でしょうか。「もう半分しかない」と捉えると、「頑張らねば！」とこの状況に前向きに対処することができます。大切なことは次の2点です。

●事実を把握する⇓「水が何リットルあるのか」
●行動する⇓「今何をするべきか」

小学校の運動場があります。「ここで野球をしよう」と言うと「こんな狭い所ではできない」と言う。次に「ここを掃除しょう」と言うと「こんな広い所は無理」と言う。運動場の面積は同じなのに、どうして「狭

い」「広い」と変わるのか。それは、あなたが自分の「こころの物差し」で何かと比較して測っているからです。重要なのは運動場の面積の数字です。

「狭い」「広い」、「お金持ち」「貧乏」、「美人」「男前」などの言葉は、すべて何かと比較して判断したときの表現です。貯金1000万円あります。1000万円で「お金持ち」と感じる人もいれば、「貧乏」と感じる人もいます。1億円でも同じです。こころの物差しによって判断が変わってきます。

3の3　本物を観る

テレビの人気番組に「なんでも鑑定団」があります。人気の秘密は「本物と偽物」を教えてくれるからです。鑑定士が「偽物」を言う時のコメントは「この作品は本物と比べますと……」です。いつも本物を観て勉強をしておられることがよくわかります。

骨董品や美術品、オペラ、歌舞伎、落語などの芸術を鑑賞した時、「凄いなあ」「おもしろいなあ」⇓「そこまでやるか」と感動します。何事も本物を観ることから始めるのが一番です。観るとは、五感で捉えるだけでなく、そのものの本質を捉えることです。見えないものを観る力、聴こえないものを聴く力がないと相手のこころは捉えられません。そのためには、教養のある人や多様性のある人と、伝わるコミュニケーションを行うことから始めてください。

◆本物の人間とは

人（ひと）は、人として生まれて、様々な教育を受けて人間となるのです（**人＋教育＝人間**）。教育がなければ、いつまでも単なる人です。それでは、どんな教育が必要なのでしょうか。教育には、家庭教育、学校教育、社会教育の３つがあります。それぞれが重要です。これらの教育がバランスよくなされるのが理想の人間育成です。

本物の人間とは、大臣、国会議員、大学教授、大企業経営者などのいわゆる「偉い」と言われている人のことを言うのでしょうか。私は、これまで、そのような多くの偉い人に会ったことがあります。そして多くの人に感銘は受けましたが、すべての人に感動はしませんでした。人間に本物と偽物（偉いと偉くない）はありません。人間は人間です。

講演で、たくさんのお年寄りに「長生きの秘訣は」とお尋ねしますと、ほとんどの方が「健康で楽しく生きること」と言われます。そのためには、「感動と笑い」が必須であることは間違いないようです。本物の人間とは、**「感動と笑いをベースに人生を楽しく・おもしろく生きている人」**のように思います。

【感銘と感動は違う】

感銘：頭で受け止める。
感動：こころで受け止める。
自慢話や苦労話に感銘を受けることがあっても、感動はしない。たとえ感銘を受けても自身の行動にはつながらない。人は感動して初めて行動するのです。

4　幸せ感（感謝して生きる）

冒頭（はじめに）にも引用しました前野隆司氏の言葉のとおり、「**感動する人は幸せ**」です。しかし、同時に、「幸せでないと感動できない」のです。

よく講演で「今幸せな人、手を上げてください」と言いますと、半分も手が上がりません。半分以上の方が不幸なのでしょうか？　いやいや、そんなことはありません。自分が如何に幸せであるかに気づいていないだけなのです。

「貧乏だから不幸」「お金があっても不幸」と様々な人が居られます。相田みつをさんが「しあわせは　いつも自分のこころがきめる」と言われています。自分が幸せと思えば幸せです。幸せは貴方の周りにたくさんあります。人と比べても幸せにはなれません。

4の1　「幸せ」を感じる

最近「幸せ」を感じたことを5つ書いてみてください。どんなことでも構いません。

まずは「生きていること」という幸せがあると思います。それから、「戦争のない日本で生活していること」「風呂に入った時」「美味しいものを食べた時」など、幸せは身近にたくさんあります。

大学で学生に「幸せ」を書かせますと、「自転車で学校に行ける」、「学食が安い、美味しい」などが多いですが、10個以上になりますと「両親が元気」「勉強ができる」など感謝の気持ちの幸せが出てきます。

企業の管理職研修では、初めは、「ゴルフができる」「居酒屋で飲める」などが多いですが、10個以上になりますと、「仕事がある」「給与が毎月振り込まれる」など普段全く気にしていない当たり前のことが、幸せ・感謝として出てきます。

宿題2　幸せを届ける

各人が幸せを5つ持ち寄って、グループで討論して「幸せ」を20個にしてください（前出2の2「感動の5つの分類」を参考にしてください）。「幸せ」が20個以上になりますと、「己が如何に幸せか！」を実感できます。己の幸せを実感しますと、「より良く生きたい」と思うようになり、新たなことに挑戦する「勇気」が湧いてきます。

先ずは、「あんな幸せ、こんな幸せ」とたくさんの「幸せを知る」ことから始めてください。たくさんの幸せを知りますと、あなただけでなく他人にも幸せの提案ができるようになります。そうすることによって、あなたもより幸せになれます。

●松下幸之助（パナソニックホールディングス創業者）は、成功の要因として「貧乏・病弱・無学歴」の3つをあげておられます。＊貧乏だったから、一生懸命働き、少ない給料でも感謝できた。＊体が弱かったから、人の能力を信じて、人に任せることができた。＊学歴がなかったから、他人に素直に教えてもらうことができた（松下幸之助氏は、小学校中退です）。これらは、一般的に不幸の要因と考えられますが、それらをどの様に捉えるのかで幸せ（成功）の要因に変えることができるのです。

●「人間万事塞翁が馬」：一見、不運に思えたことが幸運につながったり、その逆だったりすることのたとえ。幸運か不運かは容易に判断しがたい、ということ。（『故事成語を知る辞典』より引用）

〈私の幸せ〉

次に、**人に届けた幸せ**（行動することで人から「**ありがとう**」と感謝されたこと）を2個書いてください。

〈人に届けた幸せ〉

グループでその2個を持ち寄って10個以上にしてください。これが「幸せを届ける」ヒントです。感動の時と同じようなたくさんの項目ができたと思います。それは「**感動する人は幸せ**」だからです。

人は何のために仕事をするのか。それは人々を「幸せ」にするためです。人間の最高の「幸せ」は、人間を幸せにすることです。

4の2 ウェルビーイング

ウェルビーイング（Well-being）という考え方が今注目されています。ウェルビーイングとは、人が身体的にも、精神的にも、社会的にも健やかな状態にあることです。それを踏まえまして、最近、社員の「幸福」に焦点を当てたウェルビーイング経営も注目されるようになってきました。

経営の３大課題は、①人財育成：創造力のある人財を育てる、②業績向上：生産性をあげる、③欠勤率や離職率を低下させる――ことと言われています。これらの課題解決は簡単です。ウェルビーイング経営を行えばいいのです。

幸福度の高い社員は、そうでない社員と比べて、創造性が3倍、生産性が31％、売上が37％高く、さらには欠勤率や離職率も低いという、幸福感とパフォーマンスの相関関係が証明されています（ハーバードビジネスレビュー2012年5月号「幸福の戦略」より）。

どうしたら社員（職員）を幸せにできるのか。それは、前項で書きました宿題2（幸せを届ける）を是非実行してください。経費も多く使わないで簡単に社員（職員）が幸せになれます。そのための環境整備も忘れないでください。幸せな社員（職員）は、楽しく（生き生きとこころ豊かに）働いて、様々なアイデアを出して、たくさんの問題を解決してくれます。正解が決まった問題を早く解くことならば人工知能に任せればいいですが、正解のない問題は、伝わるコミュニケーションや創造力などの人間力の結集でしか解くことができません。人は難しい問題を解けた時、「難しかった。おもしろかった。楽しかった」と感動します。

この感動が新たな幸せを創ってくれます。正に「企業は人なり」です。
＊日本語で同じような意味に訳されるハピネス（Happiness）と比較すると、ハピネスは感情的で一瞬の幸せですが、ウェルビーイングは持続する幸せと言えます。

◆人生にとって大切なもの（地位財と非地位財）

一番大切なものは「命」ですね。その次に大切なものは何ですか。お金がなくては生活できません。どれくらいのお金が必要でしょうか。動物はお腹が一杯になりますと食べませんが、人間はお腹が一杯でも別腹と言って食べます。

参考までに、地位財と非地位財の比較をしてみます。地位財とは、他人との比較優位によって価値が生じるものです。

〈地位財と非地位財〉

地位財	非地位財
お金、名誉、肩書き、家、車など	健康、自由、愛情など
競争によって得る	競争や価値とは無縁である
満足感：他人と比較できる	満足感：他人と比較はできない
幸福感が長続きしない	幸福感が長続きする

◆幸せになることは人間の義務である

1968年（昭和43年）の代表的な歌謡曲（歌：水前寺清子）「三百六十五歩のマーチ」の歌詞に「しあわせは　歩いてこない　だから歩いて　ゆくんだね」とあります。

「幸せになりたい」と思っていても、行動しないと幸せにはなれません。山登りの良さは分かっていても、その良さは山に登らないと実感できません。幸せは、与えられるものではなく、行動して自分でつくりだすものなのです。

5 おもてなしと感動

5の1 おもてなしとは

「おもてなし」と言えば、高価な掛け軸が掛けてあり、季節の花が飾ってある高級料理店をイメージされる方もいると思います。そうしたお金をかけた気遣いも大切なおもてなしですが、おもてなしとは、簡単な言葉でいいますと、**「もう一言」「もう一手間」**、つまり**「そこまでやるか」**

です。美味しい料理を頂いていますと、同じ食材なのに家で作るのとは味が違います。それは、料理人さんの「もう一手間（隠し味）」があるからです。

●ある時、私が道を教えますと、その人は「有難うございました」と言われ、もう一言、「お蔭で旅が楽しくなります」と言ってくださいました。思わず感動しました。

●あるラーメン屋さんでは、店員さんが「はい、味噌ラーメンです」と出してくれます。別のラーメン屋さんでは「はい、味噌ラーメンです。熱いから気を付けてください」ともう一言がありました。このさりげないおもてなしの精神に感動しました。

●講演会でお会いした元気な90歳のおじいさんに「元気の秘訣は何ですか」とお尋ねしましたら、「君のような素晴らしい人と友達になることだ」と言ってくださいました。さりげない感動の一言でした。

このようにさり気ない一言、一手間、「おもてなし」に人は感動するのです。

◆感動に大小はない？

人それぞれ価値観が違いますから感動の仕方も違います。同じおにぎりでも、山登りして山頂で食べるおにぎりは最高に美味しいです。感動します。同じ夕日でも、旅先で夕日を見た時は、あまりの美しさに感動します。これは感動の大小ではなく、価値観（立場）の違いによるものです。感動するかどうかは「心を打たれるかどうか」です。どんな小さなことでも「美味しい」「美しい」などと素直に表現してみてください。心で想うのではなく、眼で見たことを、口に出して、耳で聞いて、鼻で嗅いで、体で感じる。五感をフル活動することによって、感動するこころを養っていくのです。そうすれば、自然と次の行動に繋がります。

5の2 「顧客満足」から「顧客感動」へ

以前は「顧客満足」が話題になっておりましたが、今は商品が安くて素晴らしいですので、「顧客満足」は当たり前の時代です。今は「顧客満足」を超えた「顧客感動」、さらに「顧客感謝」を如何に提供していくかの時代になっています。

例えば、1000円の刺身定食を食べに行きますと、

●顧客満足 ⇒ この味なら1000円も納得! 接客もできている。
●顧客感動 ⇒ この味で1000円は安い! 雰囲気も良いし、接客も丁寧だ。「そこまでやるか」
●顧客感謝 ⇒ いつ訪れても顧客感動の状態がそのまま持続している。顧客がお店に「ありがとう」と感謝をするようになる。顧客の感謝が持続すると、それは店への「愛」へと変わっていくのです。

宿題3 違いを考える

人は何に感動し、満足し、幸せになるのでしょうか。下記の2項目の違いをグループで出し合ってください。ポイントは、五感(目、耳、鼻、口、体)での違いを考えてみることです。お腹の満足度は同じでも、こころの満足度が違う?

①コンビニの100円のコーヒーとホテルの1000円のコーヒーは何が違う？

②1万円の会席料理と3万円の会席料理は何が違う？

〈参考：五感でどうか？〉

五感	比較ポイント
目：視覚	盛り付け、器、飾り物、彩り、料理の順等
耳：聴覚	料理の説明、食材を噛む音、音楽、風の音、水琴窟（優しい水の音）、伝わるコミュニケーション等
鼻：嗅覚	部屋の香り、食材の香り等
口：味覚	旬の食材、素材の持ち味、伝わるコミュニケーション等
皮膚：触覚	部屋の雰囲気、座り心地、箸や器の手触り等

◆こころの満足

心の満足とは感動です。感動は大きな付加価値です。「お客様が期待していることは何なのか」「その期待を越えるためには何をすべきか」を把握して、五感を刺激する「心からのおもてなし」が必要です。そうすれば「また行きくなるお店＝感動・感謝」が生まれます。

【新しい価値の創造】

難しい言葉ですが、一言でいうと「そこまでやるか（そんなこと考えるか）」です。同じものなのになぜ売れるのか。こんな例は如何ですか。

① 商品の魅力を全方向から考える

ジャパネットたかたの創業者高田氏は「ボイスレコーダー」を販売

する時、次のような付加価値を付けました
・おじいちゃんの物忘れ防止に使える。
・お母さんから子供へのメモに使える。
・親子のコミュニケーションツールに使える。

②商品名に付加価値（ネーミング）

・べっぴんさんになれるあめ
　大阪で売っています。店の人に「これ舐めたらべっぴん（美人）になれますか」と聞きますと、店の人が「それは甘い」。でも思わず買いたくなるネーミングがおもしろいですね。
・切腹最中
　浅野内匠頭（赤穂浪士）が切腹された田村屋敷跡の近くにある御菓子司新正堂（東京新橋）で販売されています。需要が一番多いのは「詫びる時」の手土産だそうです。最中が開いていて中の餡が見える（切腹のように）。一度ネット検索してみてください。「そこまでやるか」です。

③ 七転び八起き的な発想（こけしが懐中電灯に）

・明かりこけし

２００８年、宮城岩手内陸地震の甚大な被害の中、こけし達も倒れてしまいました。地震が来る度に倒れてしまうこけしにも何か役に立てる事はないだろうか。そんな想いから生まれたのが「明かりこけし」でした。こけしが倒れた時、傾きセンサーがこけしの底に設置してあるＬＥＤライトを自動で点灯させます。

「形」にしてみると、「なんだこんなこと」「なぜ気づかなかったのか」

と思うことが多いです。難しいことはないのです。新しい発想は、日々の感動するこころ（「これおもしろいなあ」「これ凄いなあ」「これ綺麗なあ」など）から生まれるのです。

価値創造型開発について、アップル社の創設者の一人スティーブ・ジョブズ氏は次のように言っています。

「私たちの仕事は、顧客が何を望んでいるのか、彼らよりも先に理解して形にすること」⇓明確な形が見えてくると「伝わる」

日用雑貨品などの分野で、さまざまな製品を提供しています小林製薬のブランドスローガンに「あったらいいな　をカタチにする」がありま す。正に、「創造と革新」ですね。

Ⅱ 「笑い」とは

1　笑いとコミュニケーション

1の1　期待を裏切る

笑いは感動と同じように「そこまでやるか」です。こう言ったらこう来るだろうという相手の「期待」を裏切らないような顔をして裏切る。「そんなことまで言うか」「そんな馬鹿（アホ）な」⇓「やられた！」というのが「笑い」になります。

故桂枝雀（2代目）さんは、「笑いは緊張と緩和の落差から生まれるのです」と、いつも仰っておられました。緊張とは、相手はこう言うか、ああ言うかという期待です。それを一気に緩和する（裏切る）。そうすると思わず「笑い」が生れます。

先日、近所の友人に「テレビを買い替えました」と言いますと「白黒ですか」と言われ、「なんでやねん」と思わず笑ってしまいました。「テレビを買い替えました」と言いますと、「４Ｋ対応ですか」「何インチですか」というような答えが返ってくると期待していましたら、その期待を裏切らないような顔して、「白黒ですか」と見事に裏切ってくれました。今の世の中、白黒テレビに買い替える人はまずいません。それなのに「白黒ですか」と、この発想が「笑い（ユーモア）」に繋がります。「そこまで言うか」です。

こんな小噺があります。

大阪のおばちゃんが近所のおばちゃんに自慢顔で「私、美容室に行って来ました」と言いますと、近所のおばちゃんが「美容室休みやったのですか」とその自慢顔に切り返します。
これもおもしろいですね。「綺麗になりましたね」と言ってくれると期待していたのが、その期待を裏切らないような顔して、「以前と変わらないくらい不細工やね」と言わんばかりに「美容室休み？」と見事に裏切ります。

◆ボケとツッコミのコミュニケーション

大阪での「笑いとコミュニケーション」と言えば「ボケとツッコミ」があります。有名な「ボケとツッコミ」に次のような会話があります。

Ａ「急いで何処へ行くの？」
Ｂ「動物園に」

A「何しに？」
B「虎を買いに」

「動物園に行く」と言えば、「お気をつけて」で普通の会話は終わりますが、大阪では「動物園に何しに？」とツッコまれたら、「虎を買いに」（そんなアホな！）とボケます。

お爺さんが、孫が可愛いものですから、その可愛さを表現するのに、「目に入れても痛くない」と言いますと、思わず「そんなに小さいのですか」とツッコミます。

大木こだま・ひびきさんの漫才によく出てくるネタです。「目から火が出る」と言いますと「目から火が出たら、タバコを吸うとき目に煙草をもっていくのか！　そんな奴おらへんで～」とツッコミます。大阪人は何か一言を言わないと気が済まないようです。

◆屁理屈ってどんな靴？

中山礼子・八多恵太の漫才から引いてみましょう。北は寒くて南は暖かいという話から、恵太が南極をもち出す。

恵太「あんた、南はぬくいとおっしゃったでしょ。」
礼子「南極というたら地球の局地、地球の果てや。」
恵太「北極と言うたら北の果て。」
礼子「そう、そやから地球上でおよそ南極北極、極とついたら寒いねんや。」
恵太「ほな郵便局も寒いんか。薬局行ったら氷はったるか、放送局はつららが……」

礼子「やかましいわ。しょうもない屁理屈言うな。」
恵太「屁が靴はきよんのか、見たことあるんか。屁のはく靴はブーツか」。

参考図書：井上宏『笑いの人間関係』講談社現代新書

◆「知らんけど」は口癖

大阪人は、会話の最後に「知らんけど」をよく言います。「知らんなら言うな！」と言いたいですが、大阪人は話の内容に自信はないが、「私はこれだけは知っている」と正直に話をしたいのです。でも、自信がないことを最後に「知らんけど」と言って詫びているのです。無責任なようで責任ある（？）言葉です。

その裏には、大阪人の会話好き（喋りたがり）があります。大阪人は会話が途切れることを嫌います。これが案外コミュニケーションの基本なのかも知れませんね。

令和3年大阪府警察官採用ポスターに、

「なあ、知ってる？　大阪府警　めっちゃ色々　すごいねんで！　知らんけど」

と書かれています。大阪府警察官採用ポスターは「おもしろい」と人気です。一度検索してみてください。知らんけど？

◆「ええ加減」

もう一つ大阪人気質を表す言葉に「ええ加減」があります。我が母は、料理を作る時、レシピを見ないで「ええ加減」に作っていました。でも、その料理が美味しいんです。これが「丁度、良い加減」ですね。ここには長い経験に基づいた「極意」のようなものがあるように思います。こんなこと書きましたら「ええ加減な奴やな。ええ加減なこと言うな！」とお叱りを受けそうです。知らんけど？

◆「そんなアホな」

大阪人の間にこんな会話がよくあります。

●「大きな家建てられたんですね」と言われますと、普通は「いや、小さな小屋です」と謙遜して返しますが、大阪人は「いや、大阪城ほどではないです」と返します。これは自慢ではないんです。褒められるのが恥ずかしいから、「そんなアホな」の表現で返しているのです。

●「奥さん美人ですね」と言われますと「有難うございます。よく長澤まさみさんと間違われます」と返します。相手が美人と思っているので否定しないで、「もっと言うて」と催促するのです。「おおきに」の世界です。

●50歳のおっちゃんが、「30過ぎたら体力なくなるわ」。「えーおっちゃん50歳では?」。「そうや50歳や。30歳過ぎているやろ」。大阪のおっちゃんは嘘はつきません。でも、素直には答えません。捻くれています。

●50歳のおばちゃんに「おばさんお幾つですか」と尋ねますと、「いややなあ。もう、30歳過ぎてしもたがな。20年前になあ」。やっぱり落ちは忘れないようです。

「そんなアホなことよう言うわ」⇓「そこまで言うか」の世界です。このように「そんなアホなことよう考えるなあ」が新しいことを考える発想の原点です。ところで、大阪は「アホ」の文化、東京は「馬鹿」の文化と言われますが、大阪の「アホやなあ」「アホちゃうか」「アホなことしなや」の「アホ」には何か愛情のようなものを感じます。この愛情のことを「ほんわか」とも言います。

1の2　こころが笑う笑顔を

コミュニケーションにおいて、己の伝えたいことを伝えるには、言葉だけでなく表情が大きなインパクトを持つことは誰しも承知のことです。「悲しい」時には悲しい顔、「嬉しい」時には嬉しい顔。己の感情を表情で伝えることが重要です。

一般的にコミュニケーションの時は、笑顔が良いことは誰しも納得されると思います。そのために「笑顔教室」などがあり、笑顔、笑顔と無理やり笑顔をつくることも多いです。最近、このように作り笑顔の状態が長期間続くことで起こるスマイル仮面症候群が増えています。書籍から引用しますと。

たとえば仕事をしているときなど、ある役割を果たすには誰でも仮面をかぶるものだ。しかし若い女性を中心に、ストレスを感じながらも笑顔をつくり続けるうち、素顔との切り替えができなくなってしまう「スマイル仮面症候群」が増えている。他者からの評価に過剰反応する心理を指摘しながら、ほんとうの笑顔をとりもどすための「こころのクセ」への気づき方やストレスへの対応を指南する……

（夏目誠『「スマイル仮面」症候群―ほんとうの笑顔のとりもどし方』日本放送出版協会、生活人新書）

笑顔、笑顔と言いますが、人それぞれ顔が違いますので笑顔も違います。無理やり笑顔をつくらなくても、こころが笑う自然な「いい顔」をつくればいいのです。

では、こころが笑う本当の笑顔（いい顔）をつくるにはどうしたらいいのか。それは簡単です。次のプラス言葉を多く使えばいいのです。

挨拶の言葉：おはようございます、こんにちは、お疲れ様など
感謝の言葉：ありがとうございます、おかげさまで、幸せですなど
感動の言葉：楽しい、美味しい、嬉しい、おもしろい、美しい、ラッキー、ワクワクするなど

これらの言葉を鏡の前で言って、己の顔を見てください。顔が笑っていますよ。本当にいい顔になっています。これが、「こころが笑うあなたの笑顔（いい顔）」です。

1の3　こころをご機嫌にする朝の笑顔体操

無理やり笑わなくてもいいですが、大切なことは笑える顔になっていることです。それには、朝、数分でいいですから顔の緊張をほぐす「笑顔体操」の実践をおすすめします。

笑顔体操は、娯楽番組や落語、漫才などにより「笑わせてもらう」という受け身の笑いではなく、自ら笑う積極的な笑いです。自ら笑うことによって、体からエネルギーが湧き上がり、こころが潤い、こころが癒されます。笑うのが苦手だという方もいらっしゃるかもしれませんが、この笑顔体操を続けますと、「自ら笑う」新習慣が身に付き、自然と**こころが笑う**ようになります。そして「仕事は楽しく・人生はおもしろく」なります。

笑顔体操の基本は、朝、鏡を見ながら「おはようございます」と元気な声で笑うこと。あなたが笑わないと鏡のあなたは笑いません。**笑ってこころをご機嫌にしましょう。**「こころがご機嫌」でないと良い仕事はできません。**「朝の笑顔体操」の詳細は巻末に掲載しております。**

〈ご機嫌さん〉

大阪弁で「ご機嫌さん」という挨拶の言葉があります。人と逢った時や人の家に訪問した時に「ご機嫌さん」「ご機嫌如何ですか」と言います。久しぶりに会いますと「ご機嫌さんでございますなあ」と言って、別れ際に「それではごきげんよう」と言います。また、快・不快などの時「機嫌がいい」「機嫌を損ねる」と感情表現をします。お酒の席では「今日はご機嫌ですね」と宴席を盛り上げます。このように「ご機嫌」はところがイキイキ・ワクワクして楽しいさまです。それを簡単に直ぐに行えるようにするのが「朝の笑顔体操」です。

◆笑顔体操の効用

朝の笑顔体操の効用は、数分でストレス快笑。

体のエンジン始動 ⇓ **健康な一日にするために**
コミュニケーション力アップ ⇓ **楽しい一日にするために**
脳の活性化 ⇓ **おもしろい一日にするために**

朝、家で笑顔体操をしてから職場に行きますと、朝の挨拶する時にはもうすでに笑顔になっています。こころが笑っています。職場で、笑顔と笑顔を交換しますと、お互いに自然と一言（挨拶）が出ます。そして「おはよう」「おはようございます」の一言が、「今日は良いお天気ですね。暖かいですね」などのもう一言に繋がり、これがまた良きコミュニケーションに繋がります。あなたが笑うと相手も笑う。これが「笑顔のこだま」です。

できましたら、朝だけでなく寝る前も笑顔体操をしてください。一日中のストレスが吹っ飛び、よく眠ることができます。「**笑顔は健康長寿への常備薬**」です。

◆もう一人の自分と対話する。

鏡であなたの顔を見てください。それがもう一人の自分です。もう一人の自分は、あなたが笑えば笑います。あなたが悲しめば悲しみます。決してあなたを裏切りません。あなたの味方です。大親友です。「何処に居るのか」といえば、あなたの心の中に居ます。**もう一人の自分は「あなたの心」**です。

あなたが、悩み苦しんでいる時、いつも助けてくれるのがもう一人の自分です。人は皆悩みます。悩まない人はいません。しかし、いくら悩んでも、悩みは解決しません。悩みを「迷い」に変えてください。「迷い」とは、「今何をすべきか」です。

悩んだ時には、鏡のもう一人の自分に「今、私はこんなことがしたい」「将来、私はこんな風なりたい」と言ってください。また、そのためには「今、私は何をすべきか」と対話（自問自答）するのです。そうすれば、もう一人の自分が、あなたの考えと問題点を整理して、解決へと導いてくれます。自問自答して、答えが複数出て「どちらにすべきか」と迷った時は、信頼できる人に「悩みの相談」ではなく「迷いの相談」をしてください。良きアドバイスを頂けます。

また、あなたが鏡に向かって「あの人は嫌いだ」と言いますと、もう一人の自分が「そんな嫌な顔をするな！」と戒めてくれます。「そうか笑わねば」と笑いますと、「あの人は嫌いだ」を忘れて、「今、何をすべきか」へと考えを導いてくれます。また、自然と、あの人の短所が長所に置き換わるようにも導いてくれます。

もう一人の自分（あなたの心）をもっともっと大切にしてやってください。そのためには、もう一人の自分に向かって、「頑張っているね」「君は凄い」などと言って褒めてやってください。もう一人の自分（あなたの心）って凄いのですよ。そのあなたの心を動かしているのが潜在意識です。

＊人間には潜在意識（無意識）と顕在意識（意識）が存在するとされています。その領域割合は顕在意識5～10％、潜在意識90～95％と言われており、圧倒的に潜在意識の割合が多いのです。例えば、顕在意識が「ダイエットするぞ！明日から減食して運動するぞ！」と言いますと、潜在意識が、「食べたい。運動したくない」と感じて

いたら、なかなかダイエットが達成できないのです。達成するには、2つの意識を一致させなくてはなりません。

この2つの意識が一致した時、潜在意識は凄い力（火事場の馬鹿力）を出します。その2つの意識を一致させる要因の一つとして「感動と笑い」があります（他にも座禅や瞑想などもあります。心を「無」の状態にすることが重要です）。

感動した時、笑った時、心が一番リラックスしています。そんな時、「それはいいいいね」と良きアイデアや「よしやるぞ！」と前向きな発想を出してくれます。これが「感動と笑い」の凄い効果です。先ずは、鏡の前で、笑って、もう一人の自分を褒めてやってください。「仕事は楽しく・人生はおもしろく」なりますよ。

1の4　雑談のすすめ

【コミュニケーションと雑談は違う】

●コミュニケーション：目的がある　⇓　情報が伝わる。

●雑談：目的がない　⇓　人間関係を円滑にする。

雑談の大きな目的は、疲れた心身をリラックスさせることです。何気ない話をしている時に様々な発明、発見、良きアイデアが生まれるものです。

コーヒーを飲みながら仲間と雑談をしている時、「何かおもしろい話しはない？」「うん、今、こんな課題に取り組んでいるんだけど、うまくいかなくてね」「その課題だったら、あの人が詳しいよ。一度相談してみたら」。自分にアイデアが浮かばなくても、相手にヒントを与えることもあります。これが雑談の大きな効果です。

また、雑談は「伝わる」ための潤滑油です。雑談はあくまで気分転換が目的ですが、場を見て「さりげなく大事なことを伝える」時にも効果があります。案外「伝わる」ものです。

◆どのように雑談すればいいのか？

リモート会議の前に各自が近況報告（趣味、家族、最近感動したこと、最近笑ったこと）など、仕事以外の話をすることで、リラックスした状態を作り出せます。その雑談の中で「それは良かった」「流石だね」「嬉しいなあ」「ありがとう」など、こころが笑う共感の言葉を発することを忘れてはなりません。優秀な営業マンは、お客さんと雑談をしながら、共感の言葉を駆使してお客さんのニーズを探り、的確な提案をしています。これぞ雑談のマジックです。

休憩時間にスマホに集中して、情報の入力過多を続けると、脳内が情報のゴミ屋敷状態となり出力も鈍ります。休憩時間はのんびり雑談でもしてください。

2 笑い力（ユーモア力）を磨く

講演をしていますと、「ユーモア力を身に付けるにはどうすればいいですか」と質問されることが多いです。ユーモアは大人の教養です。「落語家や漫才師は「ユーモアがあるか」と問われますと、「ある」と一概には言えません。彼らは「笑わす」ことが仕事であり、上手に話しますが、その笑いのおもしろさを普段の生活や仕事で使わないと「ユーモア」にはならないからです。単なる「お笑い」で終わってしまいます（お笑いと笑いは違います）。その笑いを生活や仕事で上手に使いこなせる人を、多様性（ダイバーシティ）のある人、ユーモア人財、教養のある人というのです。

ユーモアは簡単には身に付きませんが、たくさんの笑いに接して「楽しむ」ことから始めるのが一番です。

2の1　笑い（ユーモア）と創造力

創造力とは組み合わせです。現在、地球上にあるものはすべて「組み合わせ」でできています（宇宙の法則：二元性一元論）。例えば、人間は精子と卵子の組み合わせ、物質は原子と原子の組み合わせです。音楽は音（ドレミファソラシド）の組み合わせ、美術は色（青、赤、黒など）の組み合わせ。料理は素材（大根、ニンジンなど）の組み合わせです。このように全く違うものを組み合わせて創り出すことを「創造」といいます。この組み合わせたものが「**不思議だなあ**」「**おもしろいなあ**」となります。「なぞかけ」を例に説明します。

●コロナ禍とかけまして、甲子園球場ととときます。そのこころはどちらも、**感染**（**観戦**）で、**咳**（**席**）が気になります。

●経営とかけまして、誕生日とときます。そのこころはどちらも、**ケーキ**（**景気**）の**大きさ**が気になります。

●新郎新婦とかけまして、東海道新幹線とときます。そのこころはどちらも、**のぞみ**があり、**ひかり輝**いています。そして、幸せが**こだま**しております。（定番でご容赦ください）

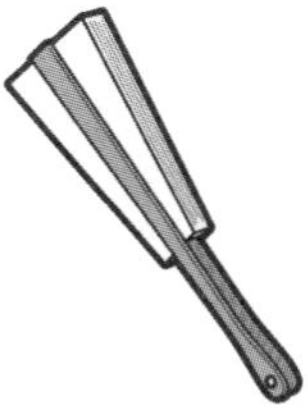

このように、全く意味の違う言葉（語呂だけ同じ）を組み合わせることで一つの笑い（おもしろい）を創り出しています。笑いは創造力の原点です。

〈なぞかけあれこれ〉

…とかけまして	…とときます	そのこころは　どちらも……
きく臓の仕事	朝の散歩	遠く（talk）の公園（講演）もあります
夜間の診察	100M走	急病（9秒）も重病（10秒）もあります
夫の浮気	お餅	焼（妬）いて膨（脹）れます
生ビール	恋愛中	あなたに酔って逢（泡）ないと寂しいです
座禅	市長選挙	市政（姿勢）を正して勝（喝）を頂きます

2の2　なぞなぞ、頓智を楽しむ

ユーモア力と言えば、その代表は何と言っても「なぞなぞ」「頓智」です。
幼児の時、おばあちゃんとの会話は「なぞなぞ」が多かったですね。正解することが目的ではなく、大切なのは「考える」ことです。幼児期は、脳が一番発達する時ですので色々な考え方（発想）を身につけなくてはいけません。それには、なぞなぞや頓智のおもしろさを体験することが最高です。自然とユーモア力が身に付きます。

例えば、幼児期に英会話を教えるのもいいですが、こんな「なぞなぞ」は如何でしょうか。

●走っている花は？　ラン（蘭、run）
●元気な、いたずらっ子の旅行は何泊？　腕白（one泊）
●石が落ちる時の音は？　ストーン（stone）

こんな英語ならすぐに覚えてくれますね。

発想のおもしろさと言えば、こんな有名な「なぞなぞ」があります。
〈問い〉花束2束と花束3束を合わせると何束になる？
〈答え〉2束＋3束だから5束、というのは算数です。なぞなぞ的に考えますと、2束と3束を合わせるのですから1束になります。

トーマス・エジソンは1＋1＝1と答えたと言われています。一つの箱と一つの箱を縦に重ねますと一つの箱になります。エジソンは「**常識に囚われない発想**」をしたので、世界の発明王になったのです。答えは一つではありません。

なぞなぞや頓智も唯一の答えというものはありません。あなたが考え出した答えが答え（正解）です。次のなぞなぞ、頓智に挑戦してみてください。問いの後に答えを掲載しておきましたが、様々な答えがありますので、これは参考と考えてください。

〈なぞなぞあれこれ〉

①　金曜日と日曜日の間に歌う歌は？
②　カメはカメでも　みそ汁にいれるカメは？
③　車のタイヤにゴマ粒2つ付けたら　高価なものになった。それは？
④　海にあって山になく、紙袋にあって折り紙にないものは？
⑤　毎日山がなくても登ったり、水がなくても沈んだりするものは？
⑥　コンビニ　本屋　おもちゃ屋　行くのに一番　時間のかかる店は？
⑦　英語で胸はバスト　お尻はヒップ　足はレッグ　では　あそこは？
⑧　輪が一つで一輪車でないものは？
⑨　バス　船　飛行機　就職試験でつかった乗り物は？
⑩　花子さんが裁判所から帰ってきたら3キロ太っていました。なぜ？

〈頓智あれこれ〉

① 血の色はなぜ赤い？
② お婆さんの腰はなぜ曲がる？
③ お化けはなぜ昼間出ない？
④ 人はなぜ四足で歩かない？
⑤ 馬の顔はなぜ長い？
⑥ 月の兎は何のため餅をつく？
⑦ なぜ口は一つしかないのか？
⑧ 自分の嫌いな物をもらったら何とお礼を言う？
⑨ 退屈するとどうしてあくびが出る？
⑩ 奈良の大仏と浅草の観音とどちらが偉い？

〈なぞなぞあれこれの〉答え

①童謡（土曜日）　②ワカメ　③ダイヤ　④底（そこに気づきませんでした）　⑤太陽　⑥おもちゃ屋（toy：遠い）　⑦There　⑧観覧車　⑨バス（リクルート：陸ルート）　⑩傍聴（膨張）したから

参考図書　①〜⑤『おもしろなぞなぞ』小学館、⑥〜⑩篠原菊紀『大人のなぞなぞ』中経の文庫

〈頓智あれこれ〉の答え

①赤くないとケガしたとき分からないから。　②孫と手を繋ぐため。／たくさんお辞儀をしたから。　③日焼けするから。　④手が汚れるから。　⑤飼葉桶が長いから。　⑥世界中の人が見ているので、今さら止められないから。　⑦二つあると食べ過ぎるから。／二つあると二枚舌を使うから。　⑧ありがとうございます。弟にやれば喜びます。　⑨あくびをしないと退屈していることが分からないから。／何かしないとよけい退屈だから。　⑩奈良の大仏様。立たされているより、座っている方が偉いから。／知らぬが仏。

参考図書：福井直秀『笑いを生み出す「頓智」は、子どもにも大人にもよく効く発想の栄養剤！』博文館新社

2の3　小噺、駄洒落の魅力

小噺、駄洒落は、シンプル（単純）で、いつでも、どこでも、誰もが、簡単に、気楽に楽しめる、創造性と柔軟な発想が要求される高度な笑い（ユーモア）です。

小噺は相手の期待を裏切ることで楽しさが増します。ネットや本などから探して身近な小噺から楽しんでください。

〈小噺の例〉

	相手の期待する答え	相手の期待を裏切る答え
あなたはクリスチャンですか	はい	イエス
タバコを吸いますか	吸いません	すいません（と謝る）
この時計いいですね	いいでしょ	流石！オメガ高い
あなたは鬱（うつ）ですか	いいえ	そう（躁）です
刑事さん誰か探しているのですか	犯人	そうさ（捜査）

◆小噺あれこれ

●友人「喧嘩よしなよ。いったいどっちが悪いんだい」
女房「この夫（ひと）が悪いのよ。だって殴り返してきたんだもの……」

●公共職業安定所（ハローワーク）で、
失業者「私は結婚していて子供が14人いるんです」
職員「他にできることは？」

●犬がポーカーの相手をしている。
見物人「すごいね、犬がポーカーできるのかネ」
プレイヤー「できるから相手にしているんだ。でも、しょせん犬だな。
いい手が入るとシッポを振るんだ……」

●上司「おまえも酒さえやめてれば、今頃は部長になっているころだ。
どうだ、この際禁酒して、部長になる気になっては……」

部下「いえ、結構です。今でも飲めば、部長はおろか、社長になった気分でいられますから……」

●警官「随分酔っているね。歩いて帰れるかい」
酔っ払い「お巡りさん大丈夫です。車がありますから」

●レストランにて。10ドルのビフテキと15ドルのビフテキあり。
店員「お勧めは15ドルの方です」
お客「どう違うのだい？」
店員「いや、同じ肉です。量も同じです」
お客「じゃあ何で値段の高い方をすすめるの？」
店員「高い方にはよく切れるナイフが付いているんです」

●子「ねえママ、どうしてパパと結婚したの?」
ママが亭主のほうを見て
「ほらご覧なさい。子供だって不思議に思っているでしょ」

●子「僕、サーカスに入ろうと思うんだ」
親「サーカスでいったい何をやるつもりだい?」
子「小人になるんだよ」
親「小人にしちゃデカすぎるな」
子「そこだよ。世界でいちばん大きな小人で売り出すんだ」

●泥棒A「お前、同じ毛皮売り場へ3回も4回も盗みに行ったら捕まるのは当たり前じゃないか」
泥棒B「でも女房が(この毛皮)気に入らないって言うもんですから」

●合唱を聴いていたA「何で皆さん一緒に歌ってるんだろうね」
合唱を聴いていたB「多分、早く終わらせようとしているんだろう」

以上参考図書：立川談志『家元を笑わせろ』株式会社DHC

笑う門には福来たるといいますが、こんな小噺があります。

●年中貧乏な熊さんがご隠居に「我が家には貧乏神がいるようです。貧乏神を追い払うにはどうすればいいでしょうか」と相談しますと、ご隠居が「家の中を楽しくして笑いの絶えない家にすればいいんだ。そうすれば貧乏神が出て行く」と教えます。

家に帰った熊さんは、ご隠居から教えられたとおり、とにかく楽しそうに笑い出しました。それを見ていた貧乏神が家の外に出て行きます。思わず熊さんが貧乏神に「楽しく笑っているから出て行くのですね」と尋ねますと、貧乏神は「いや違うよ。あまり楽しいから友達の貧乏神を連れて来ようと思ってね」

●好きな飲み物を叫びながら、走って池に飛び込みますと、その池の水がその飲み物に変わるという不思議な池があります。

ドイツ人が「ビール」と言って飛び込みますと、池の水がビールに変わりました。フランス人は「ワイン」、ロシア人は「ウオッカ」、イギリス人は「スコッチウイスキー」……いよいよ日本人です。走って「酒」というつもりが、池に飛び込む前に石に躓いて、思わず「くそー」と言って……

参考図書：早坂隆『新・世界の日本人ジョーク集』中央新書ラクレ

少し下品なユーモアですがご容赦ください。こんな世界のユーモアが掲載されている本がたくさんあります。是非、読んで楽しんでください。

何事も「楽しむ」から始めるのが一番です。

◆親父ギャグと駄洒落は違う

「電話鳴っているよ」「誰も出んわ！」、「コーヒー飲むとホットするわ！」――こんな駄洒落が飛び交う楽しい職場は、職員の心に余裕ができ、コミュケーションが活発になり、隠れたパワーを秘めています。一家に一台ではないですが、職場に一人、さりげない「駄洒落」で場を和ませてくれる良きムードメーカーは必要ですね。そのためには、職場の皆さんの「駄洒落」に対する深い理解によって「駄洒落人財」を育ててください。先ずは、「駄洒落」が出ましたら、無視をしないで温かい「笑み」をお願いします。駄洒落も高度になりましたら、「なるほど上手に言うなあ」と感動に変わってきます。同じ言葉でも、その人の人柄によって、「駄洒落」や「親父ギャグ」になることがありますのでご注意ください。

〈親父ギャグと駄洒落の比較〉

	親父ギャグ	駄洒落
場の雰囲気	白ける（場が読めない）	和む（場を考えている）
評価	嫌われている	ムードメーカーである
内容	陳腐な内容	思わず「上手い！」
顔	ドヤ顔（自慢する）	いい顔（自ら楽しむ）

◆駄洒落を楽しむ

好きな駄洒落を何個か覚えておくといいですよ。そして機会があれば使ってみてください。場が和みましたら、また、使いたくなります。その時からあなたはもうユーモア人財です。

〈駄洒落の例〉

目薬	この目薬　私の目にアイ（eye）ますか？
焼き鳥	このつくね　高くつくね～
意見	その意見には　ついていけん
ボーナス	ボーナス出たの？　しょうよ（賞与）
結婚式	あの教会での式　今日かい？

参考図書：多治家礼『ダジャレ練習帳』ハルキブックス

2の4　川柳、都々逸などを楽しむ

ここではたくさんの笑い（ユーモア）の中から、川柳、都々逸、つもり違い、無理問答、パロディ、回文をご紹介します。

◆川柳

川柳と言えば、第一生命のサラリーマン川柳ですね。世の中の動きを観察して上手に詠まれています。本当におもしろいです。是非、ネットや本で楽しんでください。

川柳が上手くなる方法は、五七五音を自分で創ることです。自分で創りますと、他の川柳が気になり、勉強するようになります。川柳は、俳句と違って「季語」もいりません。まずは、楽しければいいのです。我が「健康笑い塾」では、上の五音を「幸せは」「楽しみは」と決めて川柳を創っています。

●幸せは　億当たる夢　宝くじ
●楽しみは　妻の笑顔と　生ビール

宿題4　川柳を作る

「幸せは」「楽しみは」で始まる川柳を創ってください。自分の今の幸せ、楽しみを再確認しますので、人生がより楽しく、幸せになりますよ。

〈川柳を創ってみよう〉

幸せは	楽しみは

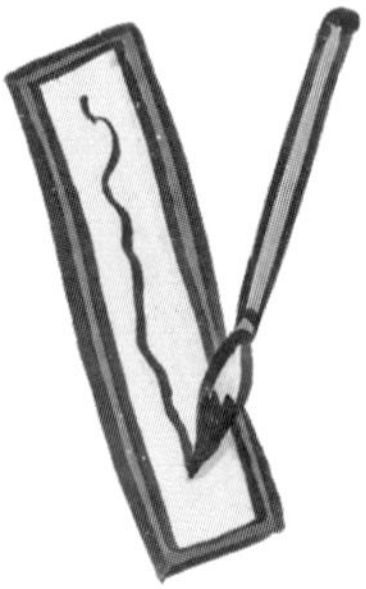

〈参考〉第35回第一生命サラリーマン川柳ベスト5（2022年）

第1位	8時だよ!!　昔は集合　今閉店
第2位	ウイルスも　上司の指示も　変異する
第3位	にこやかに　マスクの下で「うっせぇわ！」
第4位	巣ごもりで　MからLに　服反応
第5位	マスク顔　確信持てず　見つめ合う

◆都々逸

都々逸（どどいつ）とは、三味線を伴奏に主に男女の情愛を口語で歌った、七七七五の音からなる短い歌（詩）です。花柳界の粋な遊び（ユーモア）としても楽しまれました。二、三覚えて使ってみてください。いつの間にか「粋な旦那」になりますよ。

〈都々逸の例〉

お酒飲む人花ならつぼみ　今日もさけさけ　明日もサケ（酒・咲け）
惚れさせ上手なあなたのくせに　あきらめさせるの　下手な方
私しゃお前に火事場のまとい　ふられながらも　熱くなる
赤い顔してお酒飲んで　今朝の勘定で　青くなる
酒に酔うまで男と女　トラになるころ　オスとメス

〈プロポーズの時使う？　都々逸〉

目から火の出る所帯をしても　火事さえ出さねば　水入らず
ついてくるかいこの提灯に　決して（消して）苦労（暗ろう）はさせやせぬ

参考図書：柳家紫文『人生に役立つ　都々逸読本』海竜社

◆つもり違い

　高い・低い、強い・弱いなど反対のことを対比させる言葉遊びです。ちょっぴり風刺を入れますとまた楽しいですよ。この反対の落差が「笑い」に繋がります。また、「小さな一杯　大きな事故」「軽い一杯　重い代償」――のように、大小や軽重などの対義語を組み合わせますと「標語」ができます。

〈つもり違いの例〉

高いつもりで低いのは	教養	低いつもりで高いのは	血圧
深いつもりで浅いのは	知識	浅いつもりで深いのは	欲
厚いつもりで薄いのは	人情	薄いつもりで厚いのは	化粧
強いつもりで弱いのは	亭主	弱いつもりで強いのは	妻
多いつもりで少ないのは	年金	少ないつもりで多いのは	無駄

◆無理問答

問答と言いますと禅問答が有名ですが、そんなに難しく考えずに、世の中の不思議を問答にすれば楽しめます。例えば、「一人でも仙（千）人とはこれ如何に」と問われましたら、「一人でも住（十）人と言うがごとし」などと答える、これが無理問答です。仙（千）のほかにも、「百姓、番（万）人、奥（億）さん、町（兆）人」といろいろ考えられます。あまり形式を気にしないで「創る」を楽しんでください。

〈無理問答の例〉

…とはこれ如何に	…と言うがごとし
冬に食べ過ぎてもお腹が春（張る）	春に食べ過ぎたら飽き（秋）た
急いで行ってもぼちぼち（墓地・墓地）	最後に供えても線香（先行）
一回しか食べていないのにサンドイッチ	二人でも　サンドイッチマン
ロケットなのに　はやぶさ	会社員なのに　月給トリ
有るのに　無し（梨）	有るのに内（ない）脂肪

落語「こんにゃく問答」にも「なるほど」という人生の生きる知恵（問答）があり、「そこまでやるか」でおもしろいですよ。ご賞（笑）味ください。

◆パロディ

既存の作品等の特徴を巧みにとらえて、滑稽化・風刺化の目的で創り変えたものをパロディと言います。日本の替え歌・狂歌などもこの一種です。諺を例に書いてみます。

〈諺のパロディ例〉

諺	パロディ
親孝行したいときには親はなし	親孝行　したくもないのに親がいる
待てば海路の日よりあり	待てば　賄賂の効き目あり
若い時の苦労は買ってでもせよ	若い時の苦労は　死ぬまで続く
溺れる者は藁をも掴む	溺れる者は　泳げない
転ばぬ先の杖	転ばぬ先の　車椅子

大学での講義中に「蛙の子は蛙」と言ったら、学生に「蛙の子はおたまじゃくしですよ」と叱られました。幅広い教養が大切ですね。

◆回文

回文とは、上から読んでも下から読んでも同じ単語・文章のことです。どちらから読んでも同じ文章になること、文章としても意味がわかることがルールなので、文字数が多い文章を作ろうとするほど難しくなります。

〈回文の例〉

シンブンシ（新聞紙）
ヤオヤ（八百屋）
竹やぶ焼けた
色白い
薬のリスク
良く効くよ

イカ食べたかい
ダンスが済んだ
わたし負けましたわ
確かに貸した
談志が死んだ　など

もっとおもしろい長文もネットなどにたくさん載っていますので、自分でも楽しんでください。

ちなみに、体の中で、上から読んでも下から読んでも同じなものに、ミミ（耳）がありますが、一字とはいえ、メ（目）もあれば、イ（胃）やキ（気）もあり、また、へ（屁）もありますね。またまた下品で失礼しました。ご容赦を。

◇　◇　◇　◇　◇　◇　◇　◇　◇

以上、たくさんの笑いをご紹介しました。他にも歌舞伎の笑い、狂言の笑い、地口（言語遊戯）の笑いなどがあります。また、拙著『笑は咲にして勝なり〜人生100年時代の指南書〜』（薬事日報社）にも「笑いあれこれ」を記しておりますので、参考にしてください。

最近のお笑い番組をみておりますと、若い人は本当に様々な笑いを考え出してきます。凄いですね。笑いに正解はないです。まずは、笑うことが正解です。何回も書きますが、ネットや本を参考にして楽しんでください。楽しみますと好きになり、好きになりますと話したくなり、話して笑いがとれますと、もう、あなたは芸人さんの卵です。人は人の笑顔を見る時一番幸せを感じます。

楽しいが一番。次の諺があります。
◎「天才は努力している人には勝てず、努力している人は楽しくしている人には勝てず」

3　大阪商人と笑顔

大阪商人と笑いの関係を表わした言葉に「商は笑にして勝なり」「笑を省ずれば商は小なり」「笑を昇ずれば商は勝なり」があります。大阪商人が如何に笑いを大切にしているのかがよくわかる言葉です。

① 出会いの笑顔（相手の眼を見て笑顔で挨拶＝アイスマイル）

「へーいらっしゃい」と何気ない呼びかけであるが、この一言と笑顔で、「なんやこのおじさん、おもしろそうやなあ」と思わせ、ほんのりとした暖かみを感じさせる「出会いの笑顔」です。商人としての年輪が必要な笑顔です。

② 感謝の笑顔

初めてのお客様にも「いつも有難うございます」と言う。これを聞いたお客様は、常連のお客様として扱われているようで悪い気はしない。また、一度来た人なら「○○さん」と名前を言う。大阪商人は人の名前を覚える名人です。お客様に「そうや、私は常連や、お得意様や」と思わせる「感謝の笑顔」です。

③　労いの笑顔

大切なのは、「最近はお忙しいのでしょ」、「お身体の調子は如何ですか」とお客様を労うこと。また、褒めながら、さりげなく笑い（ユーモア）で包み込むことも忘れてはならない。決して褒めすぎてはいけない。このちょうどよさを出せるのがベテランの味、域である。また、あいづちやうなずきで「**聴き上手**」に徹しながら、お客様のニーズを探るのです。

④　信頼の笑顔（アイスマイルの交換）

もうここまできますと商売の80％は達成しています。いよいよ勝負の言葉、「今日は何買ってくれます？」です。もう買ってもらうことを前提とした言葉。お客様の方も、「そうや、何買おう」と迷いながら商人の顔を見ると、「あなたを幸せにしたい」と心からの願いを込めての様々な提案がある。この提案がお客様に「なるほど。それはいいね」と**感動**

を与える。この時に交わすのが「信頼の笑顔」です。

⑤ また会いたくなる笑顔

最後の商談がまとまり、お帰りの時、「有難うございました」と笑顔で深々と礼をする。お客様も、「いい商品をすすめて頂き、有難う」と笑顔で、感動から感謝の念を持って帰っていく。「また来るよ」という「また会いたくなる笑顔」が、お得意様として定着していくのです。これが、ウィンウィンの関係（双方満足）です。

〈三方よしの精神〉

江戸から明治にかけて日本各地で活躍した近江商人らが信用を得るために大切にしていたのが「**買い手よし　売り手よし　世間よし**」です。

◎「商売は感動を生む行為そのものだ」松下幸之助

◆大阪洒落言葉

「大阪人は古来シャレ好きである。近松の戯曲を読んでも、至るところにシャレが飛び出してくる。そのシャレが、明治時代にはまだ盛んに行われていた。ちょとしたシャレを言っても、すぐにその意を解して、皆がどっと噺したものである。そのシャレがこの頃少しも通じなくなったのはどうしたことであろうか。もちろん時代のズレということもあるだろうが、その最大の原因は、世の中が気ぜわしくなって、シャレにかかわっていられないことにあるのではなかろうか。シャレで笑えるようなゆとりのある世を取り戻したいものである。」(牧村史陽編『大阪ことば辞典』講談社より抜粋)

大阪人が、洒落を介して柔らかく朗らかに、しかし芯をぶらすことなく、相手に伝える時に使ったのが大阪洒落言葉です。話を遠まわしにいうことで、「上手いこと言うなあ」と笑いに繋がります。おもしろいと思ったものを2つほど覚えて使ってみてください。大阪商人の「心意気」がわかりますよ。

〈大阪洒落言葉〉

	大阪洒落言葉	そのこころは
あの人は	風呂の釜や	言うばかり（湯ぅばかり）
あんたは	春の夕暮れやなあ	ケチ：くれそうでくれん（暮れる）
あの夫婦は	錆びた鋸（のこぎり）	切れそうで切れん
あいつは	煮すぎたうどんや	箸にも棒にもかからん
その話しは	ウサギの逆立ちですわ	耳が痛い（ウサギは耳が長いから）

4　自分にニックネーム（芸名）をつける

鏡の中にいるもう一人の自分に名前をつけてやってください。ニックネーム（芸名）と笑顔があれば、もうあなたはコミュニケーション名人です。ニックネーム（芸名）は役所に届けなくてもいいですし、何度変えてもかまいません。

◆ニックネーム（芸名）をつけるメリット

①もう一人の自分に会える　⇓　成りたい己を表現できる（自由に生きる）

②幅広い人脈ができる　⇓　肩書きが取れる（今を生きる）

③発想が豊かになる　⇓　新たな己に挑戦できる（未来を生きる）

◆ニックネーム（芸名）あれこれ

薬家きく臓：私の芸名です。薬剤師なら「薬屋」ですが「薬家」です。「臓」は「笑い」という薬がどの臓器にも効くように、また、人の意見も聴くようにという願いをこめて「きく臓」にしました。
我が「健康笑い塾」の塾生の皆さん次のような芸名をつけています。

〈芸名：その謂われ〉

社交亭談洲：社交ダンスが上手な人。
手話亭笑美：手話が趣味な人。
環境亭エコ：環境問題に興味がある人。

学び亭一夜漬け：学校の先生。
栄笑養マーブル：栄養士でマーブルチョコが大好きな人。
癒し亭ゆめ：癒しを届ける看護師。
山遊亭写楽：カメラを担いで山歩きが趣味な人。
いいかげん亭喜楽：いい加減に喜楽に生きたい人。
僧談家きく之輔：僧侶で相談されることが多い人。
おかし家あまえっ子：末娘でお菓子が好きな甘えっ子の人。

宿題5　自分にニックネーム（芸名）をつける

あなたのニックネーム（芸名）：
その理由：

おわりに　人間力とは

「感動」と「笑い」は神様が人間だけに与えてくれた能力です。これが人間力の基本と考えております。今、大学で非常勤講師として「人間学講座」を担当しています。その講座では、「人間力とは、仕事を楽しく、人生をおもしろくする力」と定義しております。人間は何のために生まれてきたのか。それは、「幸せになるため」「楽しく、おもしろく生きるため」ではないでしょうか。人生を楽しく、おもしろく、幸せに生きていますと、「本当の幸せ」に気づきます。と言いますと「幸せに本当も偽もないです。本人が幸せなら幸せなのです」とお叱りを受けそうですが、様々な幸せを経験していきますと、一番幸せなのは、己のさり気ない、無意識の行動（言動）が人を幸せにしたときのように思います。それが「本当の幸せ」なのかな（利他の精神）。

「感動してください」「笑ってください」と言いますと、「私は感動できないのです。笑えないのです」と言われる方がいます。それは、感動できないのではなく、感動しないのです。笑えないのではなく、笑わないのです。感動できない人はいません、笑えない人はいません。人間なら誰もが、感動する能力、笑う能力を持っています。どうしたら、感動できるのか、笑えるのか。答えは簡単です。「ありがとう、美味しい、素晴らしい、楽しい、嬉しい、凄い、おもしろい」とプラスの言葉を発すればいいのです。そうすることで、心は感動します。また、顔は笑っていい顔になっています。「こころの物差し」でお話しましたが、こころの物差しによって言葉が変わります。例えば、般若心経で言う「空」の世界では、「美味しい、素晴らしい、楽しい、嬉しい、凄い」などの言葉はありません。それらは、私たちが勝手に決めて（自分の物差しで）言っているだけです。なぜか、それは、私たちは仏でも神でもなく人間だからです。感動したり、笑ったりするのが人間なのです。

人間力を表すのに「人間味」と言う言葉があります。「あの人は、人間味があるからついて行きたい」とよく言われます。人は、「ロゴス（知性、理性）」と「パトス（情熱、感情）」を持っています。ロゴスが勝ちますと冷たい人間になり、パトスが勝ちますと感情豊かな人間になり、それらが過ぎますと社会的に問題が多いことがあります。難しいですね。このように、ロゴスとパトスのバランスの取れた人が「人間味のある人」です。要するに、仕事もできるが、人への感謝や思いやりの言葉も言える人です。人間味を表す言葉に「無邪気」があります。これがピッタリなのは子どもです。子どもは、何事にも「なぜ?·なぜ?·」と言って挑戦し、嬉しいときには笑い、悲しい時には泣き、己の感情を素直に出します。これが「人間力」の原点です。この「こころ」は忘れたくないですね。

◆人間力を高めるための3大要素

①　いつも　知性を高め　理性を持ち　何かに挑戦する。

知性を高め、理性を持ちますと、自然と何かに挑戦したくなるのが人間です。いくつになっても、好奇心を持ち続け、何かに挑戦し続ける。

これは、若さの秘訣です。

②　いつも　感動し　こころが笑い　人への思いやりの言葉を発する。

人への思いやりの言葉（ポジィティブな言葉）：「ありがとう」「おはようございます」「楽しいです」「嬉しいです」「美味しいです」「おかげ

さまです」「おもしろいです」など。これらは、**伝わるコミュニケーションの基本**です。

③　いつも　子どものような「無邪気さ」を楽しむ。

無邪気さ：小さい時遊んだ川や山で、山菜を採ったり、昆虫採集をしたりする「子ども心」をいつまでも忘れないこと。自然と遊ぶ、人間は自然から生まれ自然に帰る。これは、**人間としての原点**です。

以上、最後までお付き合い頂き有難うございました。これからの皆様の日々の仕事や生活に「感動と笑い」を取り入れて頂き、「仕事は楽しく・人生はおもしろく」過ごしていただけましたら大変幸甚でございます。また、「講演・研修」などでお声掛けください。喜んで参上いたします。ご一緒に新しい「感動と笑い」を創らせてください。またのご拝顔（ご縁）を楽しみに致しております。

最後に、今回の上梓に関しまして、多方面からご支援を頂きました薬事日報社の河邉秀一さん、また他の皆様にも心より御礼を申し上げます。

令和４年11月吉日

中井宏次（薬家きく臓）

実践 こころをご機嫌にする朝の笑顔体操

1 朝、鏡を見ながら「おはようございます」と元気な声で笑って鏡に映っているもう一人の自分に挨拶する。

⇒あなたが笑わないと鏡のあなたは笑いません。

2「あいうえお」と大きく口を開けて2～3回言う。

⇒口を左右に動かしたり（ひょっとこ面）、鼻の下を伸ばしたりして、顔全体の筋肉をほぐしてください。

3 口を最大限に開けて(「いー」の口）数秒保つ。これを2～3回繰り返す。

⇒飲み込むのに必要な喉の辺りの筋肉が鍛えられ、誤嚥の予防にもなります。

4 舌で笑み筋（えくぼのできるところ）付近を中心に頬を押し上げ、舌をグルグル回す。

⇒舌を運動させることで唾液が出やすくなります。唾液には殺菌・抗菌作用等もあり風邪や虫歯、歯周病等の予防にもなります。

5 耳を引っ張る。

⇒耳ツボ刺激は、何千年も前から中国に伝わる治療法。耳の外側には交感神経が、中心部には副交感神経が密集しています。耳の各所を引っ張ると、様々な良き効果があります。

6 顔全体をシワを伸ばすようにマッサージする。

⇒顔のマッサージです。表情筋をほぐすと首こり、肩こりの解消にもなり、ほうれい線が消え、老化防止にもなり、表情も豊かになります。

7 自分の顔を鏡で見ながら「はっはっは、ひっひっひ、ふっふっふ、へっへっへ、ほっほっほ」と3回～5回笑う。

⇒笑っている自分の顔を鏡で見て、その笑顔を脳に焼き付けてください。脳は自分の笑顔を見て「楽しい」と思い、脳血流が増えて脳が活性化します。

8 鏡に映っているもう一人の自分を褒める。

⇒「頑張っているね」「美人ですね」「私は幸せです」などと自分を褒めてやると、脳が喜び、「やる気」や「自信」が出てきます。もう一人の自分を大切にしてください。

9 鏡に映っているもう一人の自分に愚痴を言う。

⇒嫌なことがあったときなどに、鏡に映っているもう一人の自分に向かって「○○は嫌いだ」「○○が納得いかない」などと言って、ネガティブな気持ちを吐き出します。そうすると鏡の中の自分が「そんな嫌な顔するな！」と励ましてくれます。「そうだ笑わなくては！」と思い、笑えば、ストレス快笑になり、脳が活性化して、良きアイデアが湧いてきます。

10 鏡に映っているもう一人の自分と対話する。

⇒もう一人の自分は、あなたのことを一番よく知っていて、あなたを裏切らない、あなたと共に喜び共に悲しんでくれる、悩み事なども一緒に考えてくれる、大切な親友です。もう一人の自分とはあなたの潜在能力（火事場の馬鹿力）のこと。凄いのです。

◎「二度とない人生だから、
今日は一日笑顔でいよう」
横田南嶺老師（臨済宗円覚寺派管長）

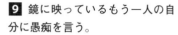

◆「笑顔体操」すると……良い習慣は、人生を変える！

① **朝に笑顔体操すると**、職場で、笑顔の挨拶ができる。

② 職場で、笑顔の挨拶をすると、コミュニケーションが活発になる。

③ コミュニケーションが活発になると、脳が活性化する。

④ 脳が活性化すると、良きアイデアが生れる。

⑤ 良きアイデアが生れると、仕事が楽しくなる。

⑥ 仕事が楽しくなると、より仕事の効率が上がる。

⑦ 仕事の効率が上がると、より重要な仕事が与えられる。

⑧ より重要な仕事が与えられると、より能力が上がる。

⑨ より能力が上がると、より仕事が楽しくなる。

⑩ より仕事が楽しくなると、**人生が楽しく・おもしろくなる**。

笑いを楽しみたい方へ　―日本笑い学会のご案内―

私が理事をさせて頂いております日本笑い学会をご紹介致します。全国に支部があり、様々な笑いを自ら創り出し楽しんでいる学会です。是非、ホームページを覗いて見てください。覗かれたら是非、入会してください。笑いを楽しんでいる人ばかりですから、会員すべてが最高の人間力の持ち主です。「楽しいですよ」、ご一緒に「人生を楽しく・おもしろく」生きてみませんか。

日本笑い学会

英語名：The Japan Society for Laughter and Humor Studies
（略称：JSLHS）
設　立：1994（平成6）年7月9日
学会の目的：「笑いとユーモア」に関する総合的研究を行ない、笑いに対する認識を深め、笑いの文化的発展に寄与することを目的とする。「笑いとユーモア」に関する研究は、これまでは、哲学、心理学、文芸学、人類学、医学などの分野で専門的に行なわれてきたが、本学会は、各専門分野を超えて交流を深め、笑いの総合的研究を目指す。

事務局所在地：
〒530-0047
大阪市北区西天満4－7－12　昭和ビル201号
TEL & FAX：06－6360－0503
開館日と開館時間：月曜日～金曜日（祝日を除く）
12：00～16：00
HP：http://www.nwgk.jp/

中井宏次（なかいこうじ）

NPO法人健康笑い塾® 主宰。
1975年大学を卒業し、製薬会社に入社。会社では秘書室長、学術研修部長、支店長など歴任、3度の合併を経験。50歳の時ガンを患い、それを機に、笑いは免疫力を上げることや笑いの不思議な力に興味を持ち、「薬での社会貢献も良いが 、残りの人生『笑い』で社会貢献を」と一念発起。2007年「医笑同源：笑い（ユーモア）でこころ豊かな歓びのある生活を！」をテーマに「NPO法人健康笑い塾」を設立。現在、全国の皆様に、講演・研修を通じて、仕事や生活における笑い（ユーモア）の重要性（楽しさ）を啓蒙し、人財育成・経営コンサルタントとして活動している。また、薬家きく臓の芸名で落語も嗜んでいる。

主な講演テーマ：「経営と笑い」「健康と笑い」「教育と笑い」

座右の銘：仕事は楽しく　人生はおもしろく

免許・所属学会他：薬剤師、日本笑い学会理事、日本産業ストレス学会元理事、岡山大学非常勤講師「『人間学講座』担当。

著書：

『笑は咲にして勝なり～人生100年時代の指南書～』
薬事日報社
『笑いとしあわせ～こころ豊かに生きるための笑方箋～』
春陽堂書店
『顔が笑う　こころが笑う　脳が笑う』
春陽堂書店　他多数

NPO法人健康笑い塾®ホームページ：http://kenkouwarai.jp/

「人間学講座《にんげんがくこうざ》」感動《かんどう》と笑《わら》い～そこまでやるか～

2023年1月26日発行

著者　中井宏次
発行　株式会社薬事日報社
〒101-8648東京都千代田区神田和泉町1番地
電話03-3862-2141
印刷・製本　富士リプロ
カバーデザイン　キガミッツ

Printed in Japan　　ISBN978-4-8408-1604-5